中华人民共和国行业推荐性标准

高速公路改扩建交通组织设计规范

Design Specification for Traffic Organization of Expressway Reconstruction and Extension

JTG/T 3392—2022

主编单位：中交第二公路勘察设计研究院有限公司
批准部门：中华人民共和国交通运输部
实施日期：2022 年 06 月 01 日

人民交通出版社股份有限公司

北 京

律 师 声 明

本书所有文字、数据、图像、版式设计、插图等均受中华人民共和国宪法和著作权法保护。未经人民交通出版社股份有限公司同意，任何单位、组织、个人不得以任何方式对本作品进行全部或局部的复制、转载、出版或变相出版。

本书扉页前加印有人民交通出版社股份有限公司专用防伪纸。任何侵犯本书权益的行为，人民交通出版社股份有限公司将依法追究其法律责任。

有奖举报电话：(010) 85285150

北京市星河律师事务所
2020 年 6 月 30 日

图书在版编目（CIP）数据

高速公路改扩建交通组织设计规范：JTG/T 3392—2022 / 中交第二公路勘察设计研究院有限公司主编．— 北京：人民交通出版社股份有限公司，2022.3
ISBN 978-7-114-17883-2

Ⅰ.①高⋯　Ⅱ.①中⋯　Ⅲ.①高速公路—改建—设计规范—中国②高速公路—扩建—设计规范—中国　Ⅳ.①U418.8-65

中国版本图书馆 CIP 数据核字（2022）第 037684 号

标准类型：中华人民共和国行业推荐性标准
标准名称：高速公路改扩建交通组织设计规范
标准编号：JTG/T 3392—2022
主编单位：中交第二公路勘察设计研究院有限公司
责任编辑：王海南
责任校对：孙国靖　宋佳时
责任印制：刘高彤
出版发行：人民交通出版社股份有限公司
地　　址：(100011) 北京市朝阳区安定门外外馆斜街 3 号
网　　址：http://www.ccpcl.com.cn
销售电话：(010) 59757973
总 经 销：人民交通出版社股份有限公司发行部
经　　销：各地新华书店
印　　刷：北京市密东印刷有限公司
开　　本：880×1230　1/16
印　　张：3.75
字　　数：85 千
版　　次：2022 年 3 月　第 1 版
印　　次：2022 年 3 月　第 1 次印刷
书　　号：ISBN 978-7-114-17883-2
定　　价：50.00 元

（有印刷、装订质量问题的图书，由本公司负责调换）

# 中华人民共和国交通运输部公告

第 18 号

交通运输部关于发布《高速公路改扩建交通组织设计规范》的公告

现发布《高速公路改扩建交通组织设计规范》（JTG/T 3392—2022），作为公路工程行业推荐性标准，自 2022 年 6 月 1 日起施行。

《高速公路改扩建交通组织设计规范》（JTG/T 3392—2022）的管理权和解释权归交通运输部，日常解释和管理工作由主编单位中交第二公路勘察设计研究院有限公司负责。

请各有关单位注意在实践中总结经验，及时将发现的问题和修改建议函告中交第二公路勘察设计研究院有限公司（地址：湖北省武汉市经济技术开发区创业路 18 号，邮政编码：430056），以便修订时研用。

特此公告。

中华人民共和国交通运输部
2022 年 2 月 25 日

交通运输部办公厅　　　　　　　　　　　　　　2022 年 3 月 1 日印发

前　言

根据交通运输部办公厅《关于下达 2013 年度公路工程行业标准制修订项目计划的通知》（厅公路字〔2013〕169 号）的要求，由中交第二公路勘察设计研究院有限公司承担《高速公路改扩建交通组织设计规范》（JTG/T 3392—2022）（以下简称"本规范"）的制定工作。

本规范的编制总结了我国近年来高速公路改扩建交通组织的经验，遵循"立足国情，吸纳国内外先进成果，安全有序、经济环保"的原则，对高速公路改扩建中涉及的交通组织设计要求作了必要的规定，使我国高速公路改扩建工程的交通组织设计更加科学合理。

本规范包括 8 章和 3 个附录，分别是：1 总则，2 术语，3 调查、分析与交通量预测，4 交通组织总体设计，5 区域路网分流，6 保通路段交通组织，7 应急情况下的交通组织，8 交通组织配套设施，附录 A 作业区通行能力计算方法，附录 B 交通组织方案专题研究报告编制要求，附录 C 交通容差、绕行度及节点重要度的计算方法。

本规范由胡彦杰、程平负责起草第 1 章，闵泉负责起草第 2 章，朱顺应、刘兵负责起草第 3 章，程平、胡彦杰、郭元术负责起草第 4 章，朱顺应、杜战军负责起草第 5 章，赵一飞负责起草第 6 章，胡彦杰、郭元术负责起草第 7 章，赵一飞、谢晓莉负责起草第 8 章，刘兵负责起草附录 A，陈亚振负责起草附录 B，朱顺应负责起草附录 C。

请各有关单位在执行过程中，将发现的问题和意见，函告本规范日常管理组，联系人：胡彦杰（地址：湖北省武汉市经济技术开发区创业路 18 号，邮编：430056；电话：027-84214348，传真：027-84533276；电子邮箱：hhyyjj@126.com），以便下次修订时参考。

主 编 单 位：中交第二公路勘察设计研究院有限公司
参 编 单 位：长安大学
　　　　　　　武汉理工大学
　　　　　　　武汉中交交通工程有限责任公司
　　　　　　　河南省交通规划设计研究院股份有限公司

主　　　　编：胡彦杰
主要参编人员：程　平　郭元术　朱顺应　赵一飞　闵　泉　谢晓莉
　　　　　　　陈亚振　刘　兵　杜战军

主　　　审：孙芙灵
参与审查人员：于　光　陈　飚　张世飙　夏早强　张　勇　杜汇川
　　　　　　　陈艳艳　贾献卓　钟连德　陈楚江　郭昱葵　张世平

目　次

1 总则 ……………………………………………………………………………………… 1
2 术语 ……………………………………………………………………………………… 3
3 调查、分析与交通量预测 ……………………………………………………………… 5
　3.1 一般规定 …………………………………………………………………………… 5
　3.2 调查 ………………………………………………………………………………… 6
　3.3 分析 ………………………………………………………………………………… 7
　3.4 交通量预测 ………………………………………………………………………… 8
4 交通组织总体设计 ……………………………………………………………………… 10
　4.1 一般规定 …………………………………………………………………………… 10
　4.2 交通组织模式 ……………………………………………………………………… 12
　4.3 保通路段交通组织 ………………………………………………………………… 13
　4.4 区域路网分流 ……………………………………………………………………… 15
　4.5 作业区划分 ………………………………………………………………………… 16
　4.6 保通路段设计速度 ………………………………………………………………… 17
　4.7 分车道行驶方案 …………………………………………………………………… 17
　4.8 分流节点控制设计 ………………………………………………………………… 17
5 区域路网分流 …………………………………………………………………………… 18
　5.1 一般规定 …………………………………………………………………………… 18
　5.2 区域路网分流 ……………………………………………………………………… 19
6 保通路段交通组织 ……………………………………………………………………… 23
　6.1 一般规定 …………………………………………………………………………… 23
　6.2 一般路段交通组织 ………………………………………………………………… 24
　6.3 关键工点交通组织 ………………………………………………………………… 30
7 应急情况下的交通组织 ………………………………………………………………… 35
　7.1 一般规定 …………………………………………………………………………… 35
　7.2 公路交通突发事件时的交通组织 ………………………………………………… 37
　7.3 恶劣天气和自然灾害时的交通组织 ……………………………………………… 37
　7.4 重大节假日及社会经济活动交通组织 …………………………………………… 37
8 交通组织配套设施 ……………………………………………………………………… 39
　8.1 一般规定 …………………………………………………………………………… 39
　8.2 安全设施 …………………………………………………………………………… 39

8.3 服务设施 …… 41

8.4 管理设施 …… 41

8.5 其他设施 …… 42

附录A 作业区通行能力计算方法 …… 43

附录B 交通组织方案专题研究报告编制要求 …… 47

附录C 交通容差、绕行度及节点重要度的计算方法 …… 50

本规范用词用语说明 …… 52

1 总则

1.0.1 为规范高速公路改扩建工程的交通组织设计，制定本规范。

1.0.2 本规范适用于高速公路改扩建工程的可行性研究、设计及施工等阶段的交通组织设计。

条文说明

高速公路改扩建交通组织设计是为了改扩建期间交通运行安全有序，便于改扩建工程顺利实施，控制因工程建设在交通方面带来的社会影响。与新建项目不同，高速公路改扩建项目需要统筹兼顾施工以及保障通行等各方面的需求。保通的需求有时会成为影响改扩建总体方案的重要因素，因此在可行性研究、设计及施工等阶段均需进行综合考虑。

高速公路改扩建工程本身的设计和交通组织设计方案彼此需要统一和兼顾。交通组织方案会影响到主体工程的改扩建设计方案以及施工方案，因此交通组织设计需在改扩建总体设计方案中统筹考虑。

1.0.3 交通组织设计应纳入高速公路改扩建工程总体设计，并应与施工组织设计协调统一。其设计应根据改扩建工程的实施情况进行动态调整。

条文说明

改扩建工程的交通组织与施工组织是两项不同的工作。施工组织更侧重于改扩建工程本身，而交通组织既要考虑施工顺利实施，同时还要考虑高速公路自身的通行需求。通过适当分流、有序保通等手段，缓解施工和保通的矛盾，避免因改扩建工程的实施对社会公众出行造成较大不便。

高速公路改扩建交通组织设计由设计单位为主导，在可行性研究（预可行性研究、工程可行性研究）、设计（含初步设计、施工图设计）及施工阶段，对交通组织方案（制定、优化、深化）进行持续完善的过程，并根据工程所处阶段提供相匹配的交通组织设计成果，落脚点在交通组织方案本身，同时又需对施工组织予以关注。

高速公路改扩建施工组织设计在可行性研究（预可行性研究、工程可行性研究）阶段，分别对应实施安排、实施方案；在设计（含初步设计、施工图设计）分别对应施工方案、施工组织计划。在上述阶段，由设计单位提出初步的与工程所处阶段内容及深度相匹配的施工方法、工艺及施工工序安排；到了施工阶段，施工单位在设计单位提供的交通组织和施工组织设计成果的基础上，结合自身施工能力及资源配置，合理安排人力物力、空间、时间、施工方案及关键工序，以完成改扩建工程的项目建设任务为主，同时兼顾项目路交通组织方案。

交通组织设计和施工组织设计虽然各自侧重点不同，但在高速公路改扩建项目中既相互影响又相互制约，只有协调统一，才能保证两者方案的合理性和可操作性。因此，本条作出上述规定。

1.0.4 高速公路改扩建交通组织设计应遵循安全、有序、经济、环保的原则。

条文说明

"安全"包括改扩建工程实施过程中的施工安全和工程实施各阶段的运行安全。

"有序"除包含保通路段的交通运行通行有序之外，还包含区域路网分流后，受流路交通流的有序运行。

1.0.5 当高速公路改扩建交通组织涉及跨省（自治区、直辖市）路网时，应对跨省（自治区、直辖市）路网的道路条件、交通条件进行充分调研，并在与相关省（自治区、直辖市）沟通、协调的基础上制订跨省（自治区、直辖市）交通组织方案，必要时宜与国家路网与省级路网联动配合。

1.0.6 高速公路改扩建交通组织设计应积极稳妥地采用新技术、新材料、新工艺、新产品。

1.0.7 高速公路改扩建交通组织设计除应符合本规范的规定外，尚应符合国家和行业现行有关标准的规定。

条文说明

本规范与《公路养护安全作业规程》（JTG H30）、《道路交通标志和标线 第4部分：作业区》（GB 5768.4）的关系：交通组织设计在涉及作业区与通行区之间的设施设计方面要求同时满足保通和施工的需要，因此该部分设计除依照本规范外，还需满足现行《公路养护安全作业规程》（JTG H30）、《道路交通标志和标线 第4部分：作业区》（GB 5768.4）的相关规定和要求。

本规范与《高速公路改扩建交通工程及沿线设施设计细则》（JTG/T L80）的关系：本规范对交通组织配套设施的设计部分主要规定设施的功能需求，具体设置工艺性要求按现行《高速公路改扩建交通工程及沿线设施设计细则》（JTG/T L80）的规定执行。

2 术语

2.0.1 改扩建交通组织　traffic organization for reconstruction and extension

为保障改扩建工程施工期间项目路及区域路网维持一定的通行条件和服务水平而采取的综合性交通管理措施。

2.0.2 分流　detouring

将项目路的交通流引导至区域路网中其他公路或城市道路的交通组织管理措施。

2.0.3 受流路　road to detour traffic flow

承载项目路分流交通量的公路或城市道路。

2.0.4 回流　backflow

将区域路网分流出去的交通流引导回项目路的交通组织管理措施。

2.0.5 分流节点　detouring node

拟经项目路的交通流，改变既定路径的平面交叉或互通式立体交叉。

2.0.6 交通容差　traffic tolerance

描述节点间路段通行能力富余状况的衡量指标，容差值越大，受流能力越强。分为路段交通容差和路径交通容差，路段交通容差为路段通行能力与交通量之差，路径交通容差为分流路径上各路段交通容差的最小值。

2.0.7 节点重要度　node importance

项目影响区内相关节点在路网中所处地位及社会经济重要程度相对大小的衡量指标。

2.0.8 公路交通突发事件　road traffic emergencies

由于自然灾害、事故等原因引发，造成或者可能造成公路交通运行中断，需要及时进行抢修保通、恢复通行能力的，以及由于重要物资、人员运输特殊要求，需要提供公路应急通行保障的紧急事件。

2.0.9　临时护栏　temporary barriers

改扩建期间临时使用,且防护等级符合现行《公路护栏安全性能评价标准》(JTG B05-01)规定的护栏,如移动钢护栏。

2.0.10　绕行度　degree of circuity

起讫点间有效最短路的广义行程时间与实际最短路的广义行程时间的比值。

3 调查、分析与交通量预测

3.1 一般规定

3.1.1 高速公路改扩建工程在可行性研究阶段和初步设计阶段，应分别开展调查、分析与交通量预测；在施工图设计阶段和施工阶段，当实际条件发生变化时，宜补充调查、分析，并修正交通量预测结果。

3.1.2 调查、分析与交通量预测可与主体工程的可行性研究及勘察设计结合进行。可在利用可行性研究时收集的社会、经济、交通、国防、环境、气候、重大社会经济活动等资料的基础上，根据交通组织设计的需要开展补充调查。调查可采用资料收集、现场观测、问卷、座谈等方法。

条文说明

　　高速公路改扩建交通组织调查与工程可行性研究收集的资料在内容上存在相同之处，为避免重复工作，尽量利用已有资料。但二者目的不同，要求不同，关注的时间跨度不同，在深度和广度上存在差异，仍需开展补充调查。

　　《公路建设项目可行性研究报告编制办法》（交规划发〔2010〕178号）对工程可行性研究阶段调查资料的具体内容进行了说明。交通组织方面的补充调查主要侧重于与区域路网分流、路段保通交通组织方案密切相关的方面，如地方路网接受分流的能力和潜力、接受分流的期限等，以及项目路改扩建期间社会各界对保持通行的需求等。

3.1.3 调查、分析与交通量预测成果应满足交通组织总体设计、区域路网分流、保通路段交通组织设计、应急情况下的交通组织设计、交通组织配套设施设计的要求。

3.1.4 可行性研究阶段应提供交通组织设计备选方案的交通量预测成果。

3.1.5 设计阶段应提供交通组织设计比选及推荐方案的交通量预测更新成果。

3.1.6 施工阶段，当预测量与实际量的偏差较大或路网及项目路交通状况发生重大变化时，应提供交通量预测修正成果。

3.1.7 应提交各预测时段交通量预测结果。

3.1.8 交通量预测成果应包含下列内容：
    1 项目路及影响区内路段平均日和高峰小时交通量、流向及交通组成。
    2 项目路交叉口平均日和高峰小时转向交通量及交通组成。
    3 项目路过境、区间与区内平均日和高峰小时交通量、流向及交通组成。
    4 项目影响区内主要交叉口平均日和高峰小时转向交通量及交通组成。

3.2 调查

3.2.1 应补充收集项目影响区内对交通组织设计有重大影响的下列资料：
    1 施工期间的社会经济活动。
    2 路网道路条件。
    3 路网交通条件。
    4 节假日和恶劣天气及自然灾害发生时的路网交通量、流向及交通组成。

条文说明

项目影响区是指受改扩建项目影响的区域，划分为直接影响区和间接影响区，项目影响区内的交通小区划分通常与工程可行性研究的交通小区划分一致，根据交通组织设计的需要，对交通组织设计有重大影响的交通小区进行细化和调整。

1 社会经济活动主要包含重大会议、大型文化活动、大型体育活动等，需要调查活动时间、位置、规模及对交通的需求。

2 路网道路条件主要包含：

（1）路网道路路面状况、线形指标、荷载限制、净空限制、速度限制、交通事故等路网运行状况；

（2）公路改扩建及大修计划；

（3）国防、环境保护、交通运输等影响路网交通组织的政策法规；

（4）区域路网内新建道路的竣工计划。

3 路网交通条件主要包括：交通量、流向及交通组成、分车型出行起讫点（OD）分布情况、路网行驶速度分布情况、交通限行措施、收费标准等，"两客一危"车辆需单列。

4 节假日主要包括法定节假日，尤其是对小型车辆免收通行费的节假日，此类假日小型车辆交通量增加较多，对改扩建的交通组织有较大影响。恶劣天气下交通量、流向及交通组成资料是决定恶劣天气情况下交通组织应急预案的重要参考依据。

恶劣天气主要包括台风、大雾、暴雨、冰雪、沙尘暴等；自然灾害包括地震、滑坡、泥石流等。在此情况下，改扩建施工有可能暂停，但社会公众出行以及抢险救灾等需求仍然存在，因此要有与之相对应的预案。

3.2.2 应补充调研项目路改扩建施工对交通组织的需求。

条文说明

项目路改扩建施工对交通组织的需求主要包含作业区对空间范围、时间限制、荷载限制、速度限制等的需求及施工车辆的通行要求。

3.2.3 交通调查宜采用大数据手段。

条文说明

大数据手段主要包括：ETC 门架、地磁线圈、摄像头、手机信令等。

3.3 分析

3.3.1 应分析项目影响区内下列因素对项目路交通组织设计的影响类型、范围、程度和时间：
1 施工期间的社会经济活动。
2 路网道路条件。
3 路网交通条件。
4 节假日和恶劣天气路网交通量、流向及交通组成。

3.3.2 应分析改扩建工程各分项专业设计方案与交通组织方案相互协调的需求，使两者相辅相成。

3.3.3 应分析施工组织计划、施工方法及工艺对项目路通行条件的下列影响：
1 影响类型，主要包含保通车道数及车道宽度、侧向余宽、荷载限制、净空限制与速度限制等。
2 影响范围。
3 影响程度。
4 影响起讫时间。

3.3.4 应开展项目影响区内相关道路通行能力及服务水平、通行限制、绕行时间、收费差异等分析。

3.3.5 应开展项目路作业区通行能力及服务水平分析，分析时应重点考虑下列因素：
1 保通车道数及车道宽度。
2 作业区长度。

3 侧向余宽。
4 保通路段设计速度。
5 施工强度。

条文说明

本条规定给出了项目作业区通行能力分析应重点考虑的一些因素。这些规定依据配套科研课题"作业区通行能力"的研究成果得出。

3.3.6 作业区通行能力可按本规范附录A计算。

3.4 交通量预测

3.4.1 可行性研究阶段应对交通组织各比选方案分别进行交通量预测；设计阶段应结合补充调查资料对交通组织比选及推荐方案的交通量预测进行修正；施工阶段应结合设计阶段预测量与实际量的偏差、路网及项目路交通状况的变化对交通组织方案的交通量预测进行补充修正。

条文说明

交通量预测在可行性研究中已开展。但因服务目的不同，预测时段、精度等要求不同，需结合改扩建项目路的具体特点，增加与改扩建交通组织相关的预测，为区域路网分流和路段保通方案的合理制订提供依据。

3.4.2 交通量预测应包含下列内容：
1 项目路节点分车型OD。
2 项目路及影响区内各路段交通量、流向及交通组成。
3 项目路互通式立体交叉交通量、流向及交通组成。
4 项目路过境交通、区间交通与区内交通量、流向及交通组成。
5 项目影响区内交通组织涉及的主要互通式立体交叉和平面交叉口交通量、流向及交通组成。

条文说明

OD应包含平均日和高峰小时OD，交通量应包含平均日和高峰小时交通量。
1 节点包括项目路起、讫点和互通式立体交叉，项目路节点分车型OD为任意两节点间的分车型交通量、流向及交通组成。
4 过境交通是指通过项目路，且起、讫点均在项目路范围之外的交通出行；区间交通是指通过项目路，且起、讫点之一在项目路范围之内的交通出行；区内交通是指通过项目路，且起、讫点均在项目路范围之内的交通出行。

3.4.3 交通量预测时段应涵盖整个施工期，出现下列情形之一时，应单独划分时段：
1 项目路局部路段或互通式立体交叉通行能力发生重大变化时。
2 路网内受流路通行能力发生重大变化时。
3 重大社会经济活动期间。
4 节假日、恶劣天气和自然灾害多发期。

3.4.4 项目影响区交通运输发展趋势较为稳定，有明显的变化规律时，可采用"趋势外推法"。

3.4.5 项目影响区交通运输发展趋势波动较大时，宜采取"四阶段预测法"。

3.4.6 有条件时可利用大数据分析方法进行预测。

3.4.7 交通核查线的预测值与实测值误差宜小于10%。

4 交通组织总体设计

4.1 一般规定

4.1.1 交通组织总体设计方案应与高速公路改扩建工程总体方案协调统一，相辅相成。

4.1.2 交通组织总体设计应综合考虑建设单位、运营管理单位和道路使用者等方面的需求。

4.1.3 交通组织总体设计方案应结合项目路所在地政治、经济、文化、自然条件等各方面的影响因素以及高速公路改扩建工期需求、施工难易程度等确定。

4.1.4 高速公路改扩建的可行性研究阶段应视项目的复杂程度，按下列规定进行交通组织方案研究：
1 交通组织方案较复杂时，应同步开展交通组织方案专题研究，并提供专题研究报告。专题研究报告应体现调查及交通量分析、交通组织方案研究、区域路网分流方案研究、保通路段交通组织方案研究、应急预案、交通组织配套设施、交通组织费用估算以及相关社会影响分析评价等内容，并应按本规范附录 B 的要求和格式编制研究报告。此外，应在可行性研究研报告中增加交通组织专篇，交通组织专篇中应体现专题研究报告的主要结论。
2 交通组织方案较简单时，可不提供交通组织方案的专题研究报告，但在可行性研究报告中应有交通组织专篇，交通组织专篇应提供改扩建过程中各阶段的交通组织方案及重点问题的解决方法。

条文说明

1 交通组织方案较复杂的改扩建工程，需要进行多方案比选，因此需开展专题研究，并提供专题研究报告。本款列举了专题研究报告的主要内容，各部分内容的研究深度视项目的特点而定。
2 下列项目为交通组织方案较简单的改扩建工程：
（1）长度不大于 15km 的高速公路改扩建工程；

（2）单独中小桥梁、单独中短隧道或单独互通改扩建工程；
（3）采用新修复线形式进行改扩建的高速公路项目。

4.1.5 高速公路改扩建的可行性研究及设计阶段均应进行交通组织总体设计，总体设计方案在项目施工阶段应根据实际情况动态调整，并结合调整结果修改完善交通组织总体设计。

条文说明

由于改扩建项目时间跨度较大，在建设过程中，项目路的现场实际条件及交通需求不断变化，施工及保通可能会出现新的需求，因此交通组织设计要贯彻动态设计的理念，在施工阶段根据实际情况进行完善。

4.1.6 在改扩建工程初步设计及施工图设计阶段，应在可行性研究阶段专题成果的基础上进一步深化，重点对区域路网分流、保通路段交通组织、应急预案、交通组织配套设施等做细化设计，并编制相应的设计文件及交通组织概算、预算。

4.1.7 高速公路改扩建交通组织总体设计应包含下列内容：
1 交通组织模式。
2 保通路段交通组织。
3 区域路网分流。
4 作业区划分。
5 保通路段设计速度。
6 分车道行驶方案。
7 分流节点控制设计。

条文说明

4 合理的作业区划分能够保证路段通行能力，提高交通安全性，利于施工组织计划的顺利进行和控制工程质量，保证服务设施利用最大化。

4.1.8 交通组织总体设计时，保通路段的服务水平不应低于四级。

条文说明

保通路段服务水平低于四级时，交通流处于不稳定状态，交通流的微小扰动和变化都会引起交通拥堵，难以满足高速公路改扩建期间服务水平的要求。

4.1.9 交通组织总体设计应对下列重点方案从技术、经济、社会等方面进行比选和论证：
1 不同保通方案下相应的区域路网分流方案。
2 保通路段交通组织方案。

4.2 交通组织模式

4.2.1 高速公路改扩建的交通组织模式包括边运营边施工和封闭交通两种。不同的改扩建工程，可结合项目路自身及区域路网的实际条件和地方需求，确定两种模式中的一种，也可在不同路段选用不同的模式，并进行合理组合。

4.2.2 高速公路改扩建宜采用边运营边施工的交通组织模式。

4.2.3 采用边运营边施工的交通组织模式时，在周边路网能够满足相应的交通需求和服务水平的情况下，可根据施工的需要，在关键工点、局部时段，采取分段分时封闭。

条文说明

关键工点指无法按一般路段交通组织方案有序完成施工作业，需要对交通组织方案特殊安排的工点，包括拼宽的主线桥梁、拆除重建的主线桥梁、新建的通道和下穿分离式立体交叉、改扩建的天桥和上跨分离式立体交叉、改扩建的互通式立体交叉、改扩建的隧道、改扩建的服务区和停车区、改扩建的收费站等。

边运营边施工模式并不是说在任何情况下都不能封闭。实施过程中，根据施工的需要，在关键工点、局部时段，在周边路网能够满足相应的交通要求和服务水平的情况下，也可以适当采取分段分时封闭。这种交通组织模式仍属于边运营边施工模式。

4.2.4 当区域路网具备分流条件时，交通组织可采用限制车辆类型、分时段限行和封闭交通模式，多种方式综合应用开展精细化、灵活化的交通组织。封闭交通模式可分为双向封闭交通和单向封闭交通。

条文说明

近年来，随着我国高速公路网的日益加密，有些高速公路存在平行的其他高速公路，承担分流的能力大大提高，因此，近些年高速公路改扩建采用封闭施工的项目也有不少。

封闭交通的交通组织模式的主要优点是干扰小、工期短，更有利于安全与质量的控制。

封闭交通组织模式的主要缺点如下：

（1）需要完善的区域路网来满足分流的要求；
（2）降低了项目路通行费的收益；
（3）社会影响大。

国内高速公路改扩建采用封闭交通模式的典型实例：G4 京港澳高速公路京石段改扩建工程，本项目全长 224.678 km，施工时全线封闭，受流路包括 G5 京昆高速公路、G45 大广高速公路、G18 荣乌高速公路、G1812 保仓高速公路、G1812 保阜高速公路、S24 廊涿高速公路、国道 G107 河北段等。原计划采用边运营边施工模式，计划工期为 3 年，后根据项目工期需要，改用全线封闭进行快速施工，工期缩短为 2 年。

4.3 保通路段交通组织

4.3.1 高速公路改扩建工程保通路段交通组织可采用双向四车道保通、双向两车道保通或双向三车道保通等方式。

4.3.2 同时满足下列条件时，可采用双向四车道保通方案：
1 具备设置对向通行隔离设施的条件。
2 侧向余宽不小于 0.75m，条件受限时，经论证后可为 0.5m。
3 保通车道宽度不小于 3.5m，当条件受限且仅限小客车通行时，经论证后可为 3.25m。保通车道宽度为 3.25m 时，区段长度不宜大于 8km。
4 项目建设条件有利于该方案优点的发挥。

条文说明

3 保通车道的宽度直接决定了保通车道数，是保通设计的重要参数。现有的国家及行业现行标准对保通车道的宽度未作具体规定，本规范主要参考了城市道路设计规范等资料。事实上关于保通车道宽度的取值是可以灵活掌握的，在具体设计时经过适当论证，车道宽度仍有进一步压缩的余地。国外在该方面规定相对灵活。比如：

（1）2009 美国《统一交通控制设施手册》（*Manual on Uniform Traffic Control Devices*）中，对于短期施工、低流量、低速，允许车道宽度 2.74m（9 英尺）；硬路肩可供通行时，可采取渠化措施，车道宽度可压缩至 3.048m（10 英尺）。

（2）WSDOT（美国华盛顿州运输局）规定施工期间车道宽度可压缩至 3.048m（10 英尺）。

（3）ACPA（美国水泥混凝土路面协会）手册中规定，路面施工时可压缩至 3.048m。

根据以上资料可以认为，在施工阶段只要管理措施得当，经论证，车道宽度是可以适当压缩的。本规范规定经论证后可以压缩至 3.25m，是考虑到我国不同地域交通组织管理水平不尽相同等因素。

4 一般情况下，通过两侧拼宽方式将双向四车道高速公路扩建为双向八车道时，多采用双向四车道保通方案。该方案的主要优点有：
（1）道路的通行能力受影响程度小；
（2）社会影响较小；
（3）通行费收费损失较小；
（4）对周边路网道路的技术等级和荷载限制要求较小，周边路网分流压力小。

采用双向四车道保通方案的缺点主要有：
（1）交通组织难度较大；
（2）施工期较长，施工质量控制较复杂，施工难度较大；
（3）行车安全和施工安全保障措施较复杂。

国内高速公路改扩建双向四车道保通方案典型实例：G4 京港澳高速公路安阳至新乡段改扩建工程、G15 沈海高速公路佛山至开阳段改扩建工程、G0421 许广高速公路广州至清远段改扩建工程。

4.3.3 同时满足下列条件时，可采用双向两车道保通方案：
1 有完善的区域路网进行分流。
2 受流路的通行条件满足分流车型通行的要求。
3 分流后受流路不低于四级服务水平。
4 项目建设条件有利于该方案优点的发挥。

条文说明
4 双向两车道保通方案的主要优点如下：
（1）项目路交通组织较为简单；
（2）施工质量易于保证。

双向两车道保通方案的主要缺点为：
（1）需要完善的区域路网进行分流；
（2）降低了通行费收益；
（3）社会影响较大。

国内高速公路改扩建双向两车道保通方案典型实例：沪宁高速公路在路面施工阶段，采用双向双两车道保通，全线仅允许小型客车通行，大中型车分流至 G4221 沪武高速公路、G312 等。分流前做了广泛的宣传，使公众尽快了解区域路网分流的具体要求，避免造成混乱。路面施工时由于分流工作及时到位，采用双向两车道保通实施顺利，保通路段的车速基本达到了 80km/h。

4.3.4 满足下列条件之一时，可采用双向三车道保通方案：
1 双向交通流不对称且差异较大，达到 30% 以上。
2 双向交通流无明显差异，但采用双向三车道保通方案仍能满足通行需求。

4.4 区域路网分流

4.4.1 交通组织总体设计应根据改扩建工程的需求确定区域路网分流方案。分流方案应包含分流启动的时机、分流的时段、分流交通量、分流车型的选取及分流路径的选择等。

4.4.2 可能存在下列情况之一时,应进行分流方案设计,并适时启动分流:
1 保通路段服务水平低于四级。
2 保通路段对车辆有荷载要求。
3 关键工点施工对车辆有限高要求。
4 关键工点施工需单向或双向中断交通。

4.4.3 分流宜按大型车辆、中型车辆、小型车的优先级顺序进行。宜采用大型车辆分流为第一优先级,中型车辆分流为第二优先级,小型客车分流为第三优先级。车型分类标准如项目所在地有专门规定,从其规定;如项目所在地无规定,可按照表4.4.3进行。

表 4.4.3 分流车型分类表

优先级	第三优先级	第二优先级		第一优先级	
车型	第一类	第二类		第三类	
	小型车	中型客车	乘用车列车	大型车	
客车	9座及以下	10~19座	—	≤39座	≥40座
货车	1类、2类	3类	4类	5类	6类

条文说明

我国高速公路行驶车辆车型的构成较为复杂,本条参考《收费公路车辆通行费收费车型分类》(JT/T 489—2019)。表4.3.3把车型分为三类:第一类(小型车)、第二类(中型客车、乘用车列车;3类、4类货车)、第三类(大型车;5类、6类货车)。优先级次序的分类与车型的分类相对应。

影响分流车型选择的周边路网技术条件主要包括曲线半径、路面和桥梁承载、车道宽度等。货车对路面和桥梁承载的通行要求更高,所需的曲线半径、最小车道宽也均大于客车。

混合车流中,货车(特别是5类、6类货车)所占比例越高,对道路通行能力影响越大,在同等试验条件下,车流中每增加1%的大型车,作业区的通行能力要下降约1%;在不同的限速条件下,大型车比例增大,作业区通行能力会随之下降。

货车对净空、车道宽度的要求高,在改扩建关键工点的施工过程中,净空、净宽等条件可能不满足货车通行的需求（如跨线桥施工、互通式立体交叉匝道施工等），此时需对货车进行分流。当项目路的路面不能承载重载交通时（如采取中面层行车），要对货车进行分流。此外，车辆在行车过程中产生的震动，对路基、路面和桥梁上部结构拼接施工质量也有一定影响。车辆载质量越大，产生的震动越强，对路基、路面和桥梁上部结构拼接施工质量的影响也越大，改扩建施工对震动有特殊要求时，需对货车进行分流。

重载交通对环境的不利影响占有较大的分担率。分流重载交通将对受流路径沿线的空气环境、声环境、水和土壤环境产生不利影响；对受流路径区域野生动植物的生长产生不利影响。在分流重载交通时，需注意其对受流路径区域原环境影响的叠加效应。

客车对运行速度、行程时间及舒适性的要求比货车高，对分流带来的不利影响更为敏感。在分流客车时需注意其社会影响程度是否在可接受范围之内。

4.4.4 符合下列情况之一时，经论证，可采用小型客车为分流第一优先级，小型货车和大中型客车为分流第二优先级：
1 区域路网通行条件不满足大中型货车通行时。
2 项目路中大中型货车占有比例较小，分流大中型货车不能满足项目路通行要求时。

条文说明

一般情况下高速公路改扩建工程多采用对大中型货车进行分流，本条为特殊情况下的分流特例，采用该分流方案时要从经济、技术、管理等多方面进行论证。

4.5 作业区划分

4.5.1 作业区划分应根据交通安全需求、构造物分布、道路使用率、通行能力、施工效率、施工工序和施工标段划分等综合确定，并根据施工条件，通过定性、定量的研究合理划分作业区。

4.5.2 作业区划分应符合下列规定：
1 作业区长度的不宜小于2km。
2 相邻作业区工程规模相当，施工进度宜协调一致。
3 宜避免将两个服务区划分至同一作业区。
4 交通转换段开口宜利用项目路既有中央分隔带开口进行改造，并应避开互通式立体交叉、桥梁等构造物。

4.5.3 相邻服务区、停车区的同一侧应避免同时封闭施工。

4.5.4 宜避免同一区段有两个及两个以上的大型构造物。

条文说明

本条中的大型构造物包括特长隧道和长隧道、特大桥、互通式立体交叉等构造物。

4.6 保通路段设计速度

4.6.1 高速公路改扩建期间，可根据既有公路功能和设计速度、分流后的交通量及交通组成、保通车道宽度及车道数、侧向余宽及交通组织配套设施等因素，综合确定保通路段设计速度。

4.6.2 在高速公路改扩建期间，保通路段设计速度可采用80km/h、60km/h等。

4.6.3 下列路段，经论证，可局部限速并强化交通组织配套设施：
1 中央分隔带保通开口路段。
2 其他因改扩建施工通行条件变差的路段。

4.7 分车道行驶方案

4.7.1 当单向为两个及两个以上保通车道时，经论证，可采用客、货车分道行驶。

4.7.2 在单向为两个及两个以上保通车道且大型货车混入率较高时，宜采用客、货车分道行驶。

4.8 分流节点控制设计

4.8.1 高速公路改扩建过程中，宜综合考虑分流节点设置的难易程度，设置诱导、分流和管制三级分流节点。

4.8.2 应对分流节点的位置、限行车辆作出规定，并应配置相应的交通组织配套设施。

5 区域路网分流

5.1 一般规定

5.1.1 区域路网分流方案应根据交通组织总体设计确定。

5.1.2 区域路网分流方案应包含项目路整体分流方案和局部路段分流方案。

条文说明

局部路段分流主要发生在上跨桥拆除重建、隧道爆破、高边坡开挖等施工时段。

5.1.3 制订区域路网分流方案时，宜制订相应的回流方案。

5.1.4 改扩建工程各阶段区域路网分流设计内容应符合下列规定：
1 可行性研究阶段，应对区域路网分流方案进行研究和方案比选。
2 设计阶段，应对项目路整体分流推荐方案、局部路段短时分流方案、回流方案进行具体设计。
3 施工阶段，项目路及影响区路网通行条件或交通需求发生显著变化时，应对区域路网分流方案进行调整。

条文说明

3 本条中施工阶段通行条件或交通需求发生显著变化的情况主要包含：
（1）当项目影响区内出现新增道路或者既有道路开展养护、大修时；
（2）项目路的通行能力发生显著变化时；
（3）与改扩建相关的政策（如道路收费标准调整）、项目路改扩建的施工方法及工艺、施工计划、影响区路网的建设养护计划和进度等发生变化时。

5.1.5 项目路整体分流方案和回流方案应保持稳定性。

条文说明

分流和回流方案需考虑项目路施工组织计划，分析通行能力、荷载、净空和速度等限制条件的持续时间，选择持续时间较长的情形编制分流和回流方案，避免分流、回流的交替重复，从而保证分流、回流措施的稳定性，满足出行者的需要。

5.1.6 项目路整体分流方案应包含分流节点、分流车型、分流路径等内容；局部路段短时分流方案应包含分流节点和分流路径；回流方案应包含回流时机、回流节点和回流车型。

5.1.7 项目路整体分流可采用诱导、强制或两者相结合的方式；局部路段短时分流宜采用强制方式。

5.1.8 可行性研究阶段应提供区域路网整体分流比选及推荐方案。

5.1.9 设计阶段应提供区域路网整体分流推荐方案和局部路段短时分流方案。

5.1.10 施工阶段，当路网及项目路交通状况发生重大变化时，应提供区域路网分流修正方案。

5.1.11 区域路网整体分流方案应包含不同交通组织时段的分流节点布设、分流路径比选及分流车型比选结果。

5.1.12 区域路网短时分流方案应包含各短时交通封闭处的分流节点方案及分流路径方案。

5.2 区域路网分流

5.2.1 项目路整体分流方案宜采用源头疏导的方式，在远端设置分流节点。

5.2.2 项目路整体分流方案应在计算项目路及受流路服务水平、交通容差、节点重要度、绕行度等基础上，结合下列因素制订：
1 社会、经济、国防、民生、民俗文化、环境等。
2 项目路和受流路线形、荷载、净空和速度等限制条件。
3 项目路施工组织计划、施工方法及工艺。
4 工程实施的难易程度及经济性。

5.2.3 交通容差、节点重要度及绕行度可采用本规范附录 C 的方法计算。

5.2.4 项目路整体分流方案宜设置诱导、分流和管制三级分流节点。各分流节点的设置应符合下列规定：

1 诱导点应为计划主动分流的节点，宜设置在区域路网内高速公路枢纽式互通立体交叉处。

2 分流点应为计划强制分流的节点，整体分流方案的分流点宜设置在项目路连接线的主要交叉口和项目路的互通式立体交叉出口，路段短时分流方案的分流点宜设置在上游互通式立体交叉出口。

3 管制点应为对交通强制管控的节点，宜设置在分流点下游路段的互通式立体交叉或平面交叉口。

条文说明

在三级分流节点中，诱导点主要通过各种信息发布手段诱导驾驶员合理选择行车路线，降低项目路的交通压力。

分流点主要通过设置标志、标线，同时配合交管部门现场执勤，将分流车型分流到分流路径上。

管制点一是控制分流车型进入施工路段，二是在立交匝道拆除或拼接等施工阶段进行交通管制。

5.2.5 诱导分流路径宜首选高速公路；强制分流路径宜选择绕行度小、通行条件良好的公路或城市道路。

5.2.6 当封闭交通超过2h时，应制订局部路段短时分流方案。

5.2.7 短时分流方案应符合下列规定：
1 处于相邻两个互通式立体交叉间的多个局部路段宜同时进行。
2 应满足受流路段通行条件和交通管制要求。

5.2.8 确定区域路网分流方案后，应校验受流路的服务水平，并根据结果优化分流方案。

5.2.9 确定区域路网分流方案时，可采用层次递进法，其流程如图5.2.9所示。

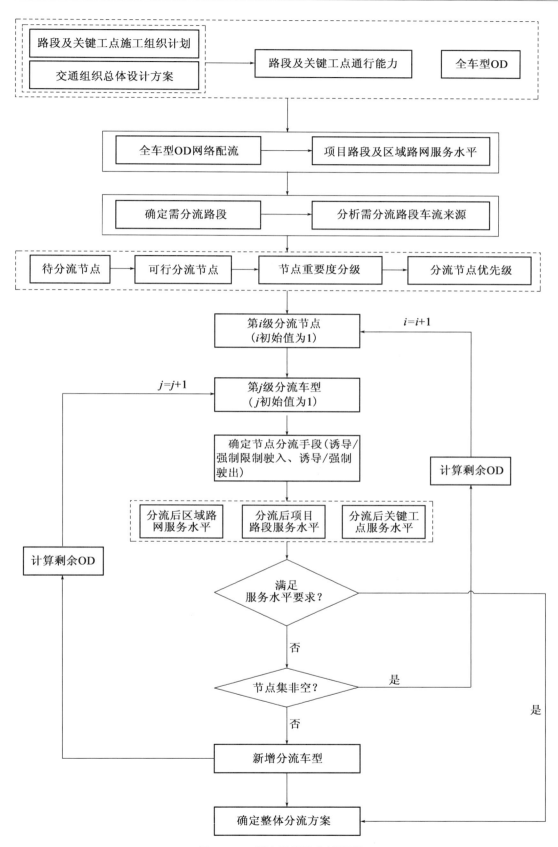

图 5.2.9 层次递进法分流流程

条文说明

层次递进法是从定量的角度进行改扩建期间路网分流的方法，该方法从分流节点、分流车型优先级、节点分流手段及目标服务水平等多角度多层次分析确定各分流时段的分流方案，使分流后区域路网、项目路段及关键工点服务水平满足交通组织总体设计方案要求。具体方法描述如下：

（1）层次递进关系的确立。

①第一层递进：分流节点递进。

根据节点重要度，明确分流节点优先级，先对优先级高的节点进行分流，再对其他节点进行分流。

②第二层递进：分流车型递进。

根据分流车型分析，明确分流车型优先级，在同一目标服务水平下，优先对第一优先级分流车型进行分流，再对其他车型进行分流。

（2）路网分流的基本步骤。

按层次递进法分流流程图（图5.2.9）对整体路网分流的基本步骤如下：

①依据路段及关键工点施工组织计划和交通组织总体设计方案确定路段及关键工点通行能力，同时开展交通需求预测获取全车型OD；

②开展交通分配预测，获得全车型OD网络配流，对项目路段及区域路网服务水平进行评价；

③确定需分流路段，进而对需分流路段的车流来源进行分析；

④分析待分流节点，论证可分流节点，计算各分流节点重要度，确定分流节点优先级，共划分为 i 级（$i=1, 2, 3\cdots$）；

⑤确定分流节点优先级 i（初始值为1）；

⑥确定分流车型优先级 j（初始值为1）；

⑦确定节点分流手段；

⑧计算分流后区域路网、项目路段及关键工点服务水平，与交通组织总体设计服务水平要求进行对比，若满足要求则确定整体分流方案，若不满足要求则进入步骤⑨；

⑨判断需进一步分流的节点集是否非空，若不为空集，则计算剩余OD，转入步骤⑤，$i=i+1$；若为空集，则进入步骤⑩；

⑩新增分流车型，计算剩余OD，$j=j+1$，计算分流后区域路网、项目路段及关键工点服务水平，与交通组织总体设计服务水平要求进行对比，以此循环，直至确定整体分流方案。

6 保通路段交通组织

6.1 一般规定

6.1.1 保通路段交通组织应根据交通组织总体设计确定。

6.1.2 保通路段交通组织设计应包括下列内容：
1 一般路段交通组织。
2 关键工点交通组织。

6.1.3 改扩建工程各阶段的交通组织设计内容应符合下列规定：
1 可行性研究阶段，保通路段交通组织应比选并推荐各施工阶段的交通组织方案。
2 初步设计阶段，应根据保通路段的不同工程设计方案和施工方案比选并确定相应的交通组织方案。
3 施工图设计阶段，应根据确定的保通路段交通组织方案进行交通组织设计。
4 施工阶段，应根据实际情况对保通路段的交通组织设计进行动态调整。

6.1.4 保通路段交通组织设计应与作业区段划分统筹协调，综合考虑。

条文说明

保通路段交通组织设计需与作业区划分统筹考虑，减少交通管制时间。

6.1.5 可行性研究阶段的交通组织方案研究专题应提供下列成果：
1 保通路段的交通组织方案说明。
2 一般路段和关键工点的交通组织比选方案图表。

6.1.6 设计阶段保通路段交通组织设计应提供下列成果：
1 一般路段分阶段施工的交通组织设计图表。
2 关键工点分阶段施工的交通组织设计图表。

6.1.7 施工阶段的保通路段交通组织设计应在设计阶段一般路段和关键工点交通组织设计成果的基础上，根据实际路段的施工计划对路段施工交通组织设计进行动态调整，提供调整的一般路段及关键工点相应的交通组织设计图表。

6.2 一般路段交通组织

6.2.1 路基、涵洞、既有通道等改扩建交通组织应符合下列规定：
1 路侧护栏未拆除时，可维持既有通行状态。
2 路侧护栏拆除时，应根据保通设计速度、安全防护的需要设置临时护栏或临时隔离设施。
3 硬路肩宽度小于2.5m的保通路段，应设置紧急停车点和紧急撤离口。
4 路基拼宽施工阶段，邻近工作区的通行区域应设置临时隔离栅和紧急撤离口。
5 既有通道改扩建不宜中断地方被交道路的交通。

条文说明

3 根据《公路工程技术标准》（JTG B01—2014）的相关规定，硬路肩宽度小于2.5m的高速公路，须设置紧急停车带，但在改扩建期间，因条件受限，紧急停车带的设置较困难，出于交通安全的考虑，本条文规定设置紧急停车点方案。紧急停车点的具体设置方案可以根据项目实际情况确定，如G15沈海高速公路（开阳高速公路）在改扩建期间设置了50m（减速车道）+50m（有效段）+50m（加速车道）和30m（减速车道）+40m（有效段）+30m（加速车道）两种形式的紧急停车点。同时考虑到驾乘人员紧急撤离至路侧隔离设施外侧的需求，还要设置紧急撤离口，如G15沈海高速公路（开阳高速公路）、G60沪昆高速公路（杭金衢高速公路）在改扩建期间每间隔500m设置一处紧急撤离口，且每处紧急停车点均配置了紧急撤离口。

6.2.2 双向四车道高速公路改扩建为双向八车道高速公路时，路面施工交通组织应符合下列规定：
1 路面施工交通组织方式应根据路面改扩建方式、改扩建路面宽度、既有公路路面补强方案、路面面层加铺方案、施工组织方案等因素确定。
2 路面底基层、基层和中、下面层施工宜采用单幅或双幅间隔封闭硬路肩、既有高速公路维持双向四车道通行的交通组织方式。
3 路面上面层施工宜采用单幅或双幅间隔封闭半幅、另半幅维持双向四车道通行的交通组织方式。
4 路面改扩建期间保通车道应根据项目路交通组织总体设计设置车道宽度和必要的侧向余宽。
5 车辆行驶轮迹不宜与新老路面拼接缝重合。

条文说明

3 路面上面层施工交通组织方式通常采用单幅间隔封闭半幅、另半幅维持单幅双向四车道通行（图6-1）或双幅间隔封闭半幅、另半幅维持单幅双向四车道通行（图6-2）的交通组织方式。

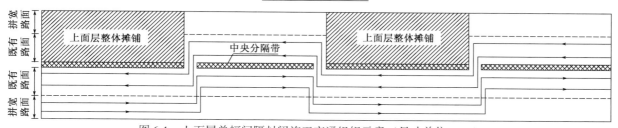

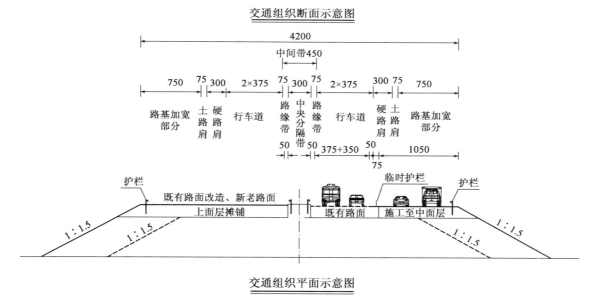

图 6-1　上面层单幅间隔封闭施工交通组织示意（尺寸单位：cm）

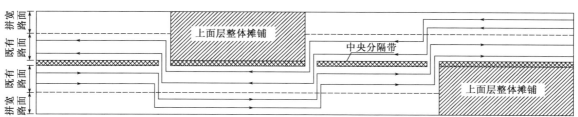

图 6-2　上面层双幅间隔封闭半幅施工的路面交通组织（尺寸单位：cm）

6.2.3 中央分隔带保通开口长度应符合下列规定：

1 应根据保通开口处的保通设计速度、中间带宽度、路面横坡等因素确定。

2 中央分隔带保通开口长度不应小于表6.2.3-1规定的一般值。

表 6.2.3-1 中央分隔带保通开口长度一般值

保通设计速度（km/h）	40	60	80
开口长度一般值（m）	110	150	300

3 特殊情形下，中央分隔带保通开口长度不应小于表6.2.3-2～表6.2.3-4中的极限值。采用该极限值时，应强化交通组织配套设施设置。

表 6.2.3-2 单车道转换中央分隔带保通开口长度极限值（m）

车道宽度（m）	横坡（%）	保通设计速度（km/h）											
		80				60				40			
		中间带宽度（m）											
		4.5	3.5	3.0	2.0	4.5	3.5	3.0	2.0	4.5	3.5	3.0	2.0
3.75	0	105	100	95	90	80	75	70	65	50	50	45	45
	-2	115	105	100	95	85	80	75	70	55	55	50	45
	-3	115	110	105	100	90	80	80	75	60	55	55	50
	-4	125	115	110	100	95	85	85	75	60	55	55	50
3.50	0	105	95	95	85	75	70	70	65	50	50	45	45
	-2	110	105	100	90	85	80	75	70	55	50	50	45
	-3	115	110	105	95	85	80	80	70	55	55	50	50
	-4	120	115	110	100	90	85	80	75	60	55	55	50
3.25	0	100	95	90	85	75	70	70	65	50	45	45	40
	-2	110	100	100	90	80	75	75	65	55	50	50	45
	-3	115	105	100	95	85	80	75	70	55	55	50	45
	-4	120	110	105	100	90	85	80	75	60	55	55	50

表 6.2.3-3 双车道转换中央分隔带开口长度极限值（m）

车道宽度（m）	横坡（%）	保通设计速度（km/h）											
		80				60				40			
		中间带宽度（m）											
		4.5	3.5	3.0	2.0	4.5	3.5	3.0	2.0	4.5	3.5	3.0	2.0
3.75	0	125	120	120	115	95	90	90	85	65	60	60	55
	-2	135	130	125	120	100	100	95	90	70	65	65	60
	-3	140	135	135	125	105	100	100	95	70	70	65	65
	-4	150	140	140	130	110	105	105	100	75	70	70	65
3.50	0	125	120	115	110	95	90	85	80	60	60	60	55
	-2	135	125	125	120	100	95	95	90	65	65	60	60

续表6.2.3-3

车道宽度（m）	横坡（%）	保通设计速度（km/h) 80				60				40			
		中间带宽度（m）											
		4.5	3.5	3.0	2.0	4.5	3.5	3.0	2.0	4.5	3.5	3.0	2.0
3.50	-3	140	135	130	125	105	100	95	90	70	65	65	60
	-4	145	140	135	130	110	105	100	95	70	70	65	65
3.25	0	120	115	115	105	90	85	85	80	60	60	55	55
	-2	130	125	120	115	100	95	90	85	65	60	60	55
	-3	135	130	125	120	100	95	95	90	70	65	65	60
	-4	140	135	130	125	105	100	100	95	70	65	65	60

表6.2.3-4 四车道转换中央分隔带开口长度极限值（m）

车道宽度（m）	横坡（%）	限制速度（km/h) 80				60				40			
		中间带宽度（m）											
		4.5	3.5	3.0	2.0	4.5	3.5	3.0	2.0	4.5	3.5	3.0	2.0
3.75	0	160	160	155	150	120	120	115	115	80	80	80	75
	-2	175	170	165	165	130	125	125	120	85	85	85	80
	-3	180	175	175	170	135	130	130	125	90	90	85	85
	-4	190	185	180	175	140	140	135	135	95	90	90	90
3.50	0	160	155	150	145	120	115	115	110	80	75	75	75
	-2	170	165	165	160	125	125	120	120	85	85	80	80
	-3	175	170	170	165	130	130	125	125	90	85	85	80
	-4	185	180	175	170	140	135	135	130	90	90	90	85
3.25	0	155	150	145	140	115	110	110	105	75	75	75	70
	-2	165	160	160	155	125	120	120	115	85	80	80	75
	-3	170	165	165	160	130	125	125	120	85	85	80	80
	-4	180	175	170	165	135	130	130	125	90	85	85	85

注：表6.2.3-2～表6.2.3-4中极限值进行5m取整。

条文说明

2 本款规定了中央分隔带保通开口长度的一般值。该规定参考了美国《统一交通控制设施手册》（*Manual on Uniform Traffic Control Devices*）的相关模型，见式（6-1）。

$$l = \begin{cases} W \times v^2/155 & (v \leqslant 60\text{km/h}) \\ W \times v/1.6 & (v > 60\text{km/h}) \end{cases} \tag{6-1}$$

式中：l——中央分隔带开口长度（m）；

v——中央分隔带保通开口设计速度（km/h）；

W——车道中心线横向偏移值（m）。

3 本款提出中央分隔带保通开口长度的极限值，该款适用于中央分隔带保通开口设置长度无法满足一般值的设置条件。该极限值按式（6-2）~式（6-10）进行计算获得。

（1）单车道转换时，根据图6-3所示，中央分隔带开口长度按式（6-2）计算：

$$l = 2R\tan\frac{\alpha}{2} \cdot (1+\cos\alpha) - 2\sqrt{\left(2R - \frac{D_n}{2} - D_a\right)\left(\frac{D_n}{2} - D_a\right)} \quad (6\text{-}2)$$

其中：

$$R = \frac{v^2}{127(\varphi_h + i_h)} \quad (6\text{-}3)$$

$$\alpha = 2\arctan\left(\sqrt{\frac{D_n + D_c}{4R - D_n - D_c}}\right) \quad (6\text{-}4)$$

式中：l——中央分隔带开口长度（m）；

R——中央分隔带开口处转弯圆曲线半径（m）；

v——中央分隔带保通开口的设计速度（km/h）；

φ_h——路面与轮胎之间的横向摩阻系数，取0.15；

i_h——超高横坡度（%）；

D_a——车辆中心与中间带之间的距离（m），$D_a = 0.5D_n$；

D_n——第一车道的宽度（m）；

D_c——中间带（包括中央分隔带和两侧路缘带）宽度（m）。

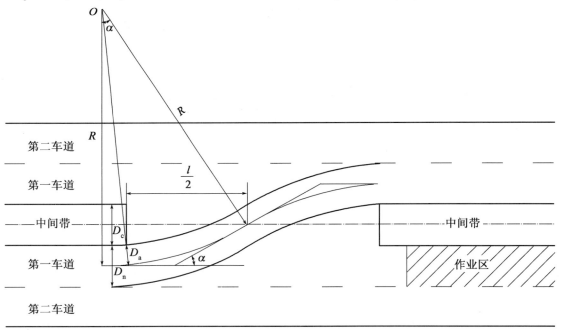

图6-3 单车道转换的中央分隔带开口长度计算图式

（2）双车道转换时，根据图6-4所示，中央分隔带开口长度按式（6-5）计算：

$$l = 2R\tan\frac{\alpha}{2} \cdot (1+\cos\alpha) - 2\sqrt{(2R-D_n-D_a)(D_n-D_a)} \tag{6-5}$$

其中：

$$R = \frac{v^2}{127(\varphi_h + i_h)} \tag{6-6}$$

$$\alpha = 2\arctan\left(\sqrt{\frac{2D_n+D_c}{4R-2D_n-D_c}}\right) \tag{6-7}$$

式中：D_a——车辆中心与中间带之间的距离（m），$D_a = D_n$。

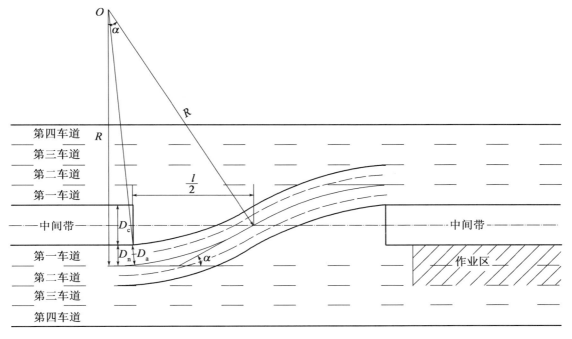

图6-4　双车道转换的中央分隔带开口长度计算图示

（3）四车道转换时，如图6-5所示，中央分隔带开口长度按式（6-8）计算：

$$l = 2R\tan\frac{\alpha}{2} \cdot (1+\cos\alpha) - 2\sqrt{(2R-2D_n-D_a)(2D_n-D_a)} \tag{6-8}$$

其中：

$$R = \frac{v^2}{127(\varphi_h + i_h)} \tag{6-9}$$

$$\alpha = 2\arctan\left(\sqrt{\frac{4D_n+D_c}{4R-4D_n-D_c}}\right) \tag{6-10}$$

式中：D_a——车辆中心与中间带之间的距离（m），$D_a = 2D_n$。

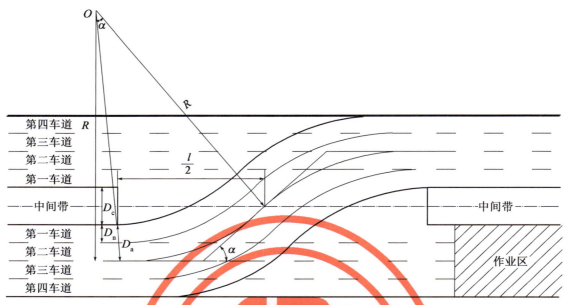

图 6-5 四车道转换中央分隔带开口长度计算图示

6.3 关键工点交通组织

6.3.1 主线桥梁拼接加宽交通组织应符合下列规定：

1 上部结构拼接前，宜保留既有桥梁护栏，维持既有通行状态。

2 既有桥梁外侧护栏拆除时，应设置临时护栏，并应在施工区外侧边缘设置防止车辆驶出车行道，越过施工区掉入桥下的设施。

3 上部结构拼接施工时宜采用限定车道、限制速度等通行措施。

4 上部结构拼接施工时的交通转换应与桥梁所在路段交通转换协调一致，必要时在桥头处设置过渡路段。

条文说明

2 为了防止车辆驶出车行道并越过施工区掉至桥下，在既有桥梁路侧护栏拆除和上部结构拼接施工前，要求先施工拼接加宽部分的路侧护栏或设置临时护栏。

3 双向两车道保通的保通路段，新建桥梁与既有桥梁上部结构拼接施工时可以封闭需拼接半幅的交通，另半幅采用双向两车道通行的交通组织方式。如图 6-6 所示，图中以路基宽度 27m 改扩建为 42m 的双向八车道高速公路为例。

双向三车道保通的保通路段新建桥梁与既有桥梁上部结构拼接施工可以将需拼接的半幅桥梁封闭一条车道，另半幅维持单幅两车道正常通行的交通组织方式，如图 6-7 所示。

双向四车道保通的保通路段新建桥梁与既有桥梁上部结构拼接施工比较复杂。因半幅桥梁宽度难以满足双向四车道通行，因此需专门考虑。可以采用如下交通组织方式：方式一，将一侧正常拼接宽度超拼到满足单向两车道通行的宽度，封闭需拼接半幅的交通，另半幅采用单幅双向四车道通行，如图 6-8 所示，图中右幅桥梁超拼 2.0m；方式二,将正常拼接宽度桥梁与老桥进行临时拼接,借用部分老桥宽度,以满足拼宽桥梁单向两车道通行的宽度要求,如图 6-9 所示;方式三,将需要拼接的半幅仅通过设置临时护栏封闭硬路肩,拼接施工半幅行车道上供车辆低速行驶,另半幅维持单幅两车道正常通行,如图 6-10 所示。

在桥梁上部结构拼接施工过程中,拼接加宽部分桥梁与既有桥梁进行拼接施工时的交通组织和速度限制等要充分考虑既有桥梁上大货车行车震动对接缝现浇混凝土的影响,限速值一般不超过 60km/h。

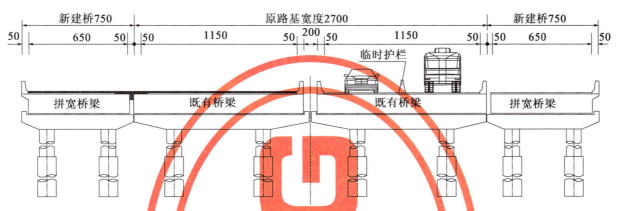

图 6-6　拼接半幅封闭双向两车道保通的交通组织(尺寸单位:cm)

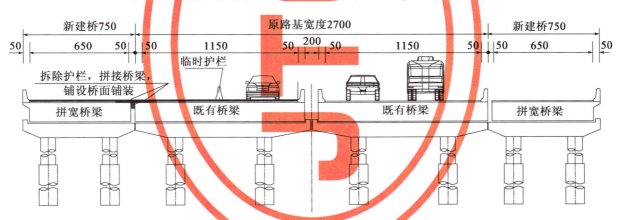

图 6-7　拼接半幅封闭一条车道双向三车道保通的交通组织(尺寸单位:cm)

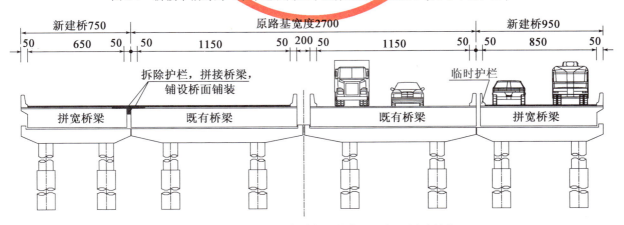

图 6-8　拼接半幅封闭双向四车道保通的交通组织(尺寸单位:cm)

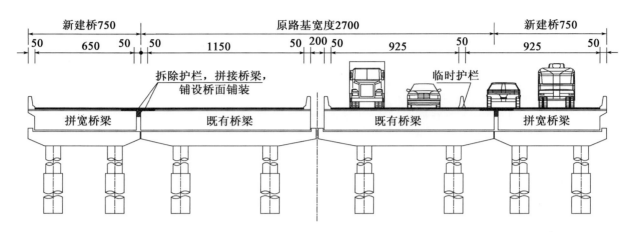

图 6-9 临时拼接时双向四车道保通的交通组织（尺寸单位：cm）

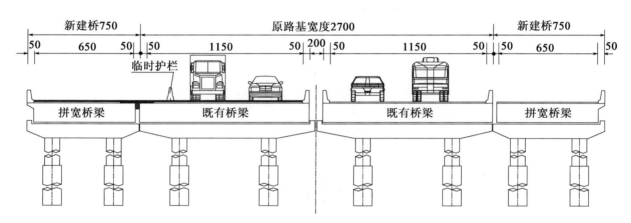

图 6-10 拼接半幅仅封闭硬路肩双向四车道保通的交通组织（尺寸单位：cm）

6.3.2 主线桥梁拆除重建的交通组织应符合下列规定：
1 可采用拼宽桥梁或施工便桥（便道）保通。
2 施工便桥（便道）和过渡路段的设计标准应满足通行的要求。
3 施工便桥（便道）和过渡路段的横断面应根据保通设计速度设置车道宽度和必要的侧向余宽。
4 施工便桥（便道）和过渡路段可实施客货分道行驶的交通管理方式。
5 上部结构拼接施工时宜采用限定车道、限制速度等通行措施。

条文说明

2 施工便桥（便道）和过渡路段的设计标准需要满足保通设计速度、施工期交通量和交通荷载控制等通行要求。

6.3.3 新增通道和下穿分离式立体交叉交通组织应符合下列规定：
1 单幅双向四车道保通路段新增通道或下穿分离式立体交叉时，宜设临时便道、便桥保通。

2 临时便道、便桥的设计标准应满足通行的要求。当临时便道及便桥长度大于或等于2km时，便道及便桥保通设计速度不宜低于60km/h。

条文说明

1 新增通道是指由于地方道路规划需求等原因，需挖除既有高速公路路基，新增通道或下穿分离式立体交叉。需要单幅双向四车道保通的改扩建项目，在新增通道或下穿分离式立体交叉交通组织时通常采用临时便道、便桥保通。

2 临时便道、便桥的设计标准需要满足施工期交通量及交通荷载控制的通行要求。

6.3.4 跨线桥改扩建交通组织应符合下列规定：
1 原位拆除重建时，应按照交替分批改建的原则进行。
2 宜按照先建后拆的原则进行。
3 既有跨线桥拆除宜选择交通低峰时段。
4 当多座跨线桥位于相邻两个互通式立体交叉间时，其交通组织应作为一个整体进行考虑，并应与该作业区路段相邻构造物的改扩建和交通转换相协调。
5 应做好地方路保通及分流绕行方案。

6.3.5 涵洞、通道改扩建时应考虑地方路交通组织的通行需求，做好保通及地方路分流绕行方案。

6.3.6 互通式立体交叉改扩建交通组织应符合下列规定：
1 相邻互通式立体交叉宜交错进行。
2 宜根据互通式立体交叉设计方案、转向交通量等条件，采用临时匝道、临时安全设施和管理设施等工程措施，实现交通转换。
3 匝道和匝道跨线桥改建宜先建后拆。
4 临时匝道、便桥的设计标准应满足通行要求。临时匝道的设计速度不宜低于30km/h。
5 互通式立体交叉的跨线桥拆除和新建宜选择交通低峰时段。
6 匝道与主线连接部的改扩建交通组织应与主线路基、路面改扩建交通组织相匹配。

条文说明

6 匝道与主线连接部路面施工阶段的交通组织对进出匝道的车辆影响较大，要求匝道与主线连接部的路面施工交通组织和主线路段路面施工保通方案相匹配。

6.3.7 隧道改扩建交通组织应符合下列规定：

1 采用两侧新建隧道改扩建方案时，宜采用先建后改造的原则，维持改扩建公路隧道路段的正常运营。

2 无须设置横洞的分离式隧道应在新隧洞建成后将交通转移至新隧道，并应在路基段提前设置过渡段。

3 需设置横洞的同向隧道在扩建横洞施工时宜采用半幅封闭施工、另半幅双向通行的交通组织方式。

6.3.8 服务区、停车区改扩建交通组织应符合下列规定：

1 应根据服务区、停车区之间的间距、布局和改扩建方案，确定服务区、停车区改扩建的交通组织。

2 服务区、停车区改扩建可采取边运营边施工或半幅交替封闭的交通组织方式。

3 进出服务区、停车区的临时匝道设计标准应满足通行的要求，设计速度不宜低于30km/h。

6.3.9 收费站改扩建交通组织应与互通式立体交叉改扩建交通组织协调统一。

7 应急情况下的交通组织

7.1 一般规定

7.1.1 应急情况下，应根据交通组织总体设计和改扩建工程的生产安全事故应急预案，结合项目具体情况进行交通组织。

条文说明

高速公路改扩建项目一般都会按照现行《生产经营单位生产安全事故应急预案编制导则》（GB/T 29639）的规定，编制相应的应急预案，应急预案中各类突发事件处理对策中，会对区域路网分流、项目路保通等交通组织提出联动要求。

7.1.2 除应对生产安全事故应急预案的交通组织联动外，尚应对可能造成交通拥堵的下列情况进行应急情况下的交通组织设计：
1 公路交通突发事件。
2 恶劣天气和自然灾害。
3 重大节假日及社会经济活动。

条文说明

1 公路交通突发事件可能发生在项目路及所在区域路网，也可能发生在保通路段，对交通流的正常运行造成干扰，均应编制相应的交通组织方案。
2 恶劣天气下正常的改扩建施工有可能暂停，但社会公众出行以及抢险救灾等需求仍然存在，因此，应有与之相对应的方案。
3 重大节假日及社会经济活动指春节、清明、五一、国庆等，以及项目所在地有可能举行的大型活动，如大型运动会、大型外事活动等。尤其是重大活动会对交通组织提出系统的交通需求，包括出行计划。该情况下的交通组织方案要与之相衔接。

应急情况下的交通组织设计方案不一定需要实施，但是在总体设计时须充分考虑各种应急情况一旦发生时应有的必要储备。因此应急情况下的交通组织设计应当作为交通组织设计内容的一部分。

7.1.3 应急情况下的交通组织设计应包含社会公共信息发布的内容、方式和范围等。

7.1.4 应急情况下的交通组织设计应满足下列要求：
1 发生应急事件时，应能满足按高速公路改扩建工程安全生产事故应急预案进行应急救援及抢险等作业时对交通组织的需求。
2 启动安全生产事故应急预案时，项目路交通运行应处于有序和可控状态。
3 应急事件响应结束后，应能及时回到既定的交通组织状态。

条文说明

1 改扩建工程正常进行时，交通组织按照既定的程序，有序地进行分流和保通作业，运营和施工按既定方案正常进行。发生应急事件时则转入应急状态，在此情形下原定的交通组织方案应及时切换，应急预案会对交通组织提出相应的要求。在应急情况下的交通组织应做好对接和联动，凡预案中需要交通组织联动的，都需要在交通组织应急预案中体现。

2 交通组织是一个系统性科学性的工作，要面对的是改扩建施工和社会公众出行的多重需求，特别是社会公众出行需求不因工程自身的应急事件发生而消失。因此，交通组织应充分考虑到其自身的系统性和科学性要求，遵从其自身规律，在满足生产安全事故应急预案的前提下，控制因预案的实施对社会公众和改扩建工程自身的不利影响，使交通组织处于有序和可控状态。

7.1.5 应急情况下交通组织方案的启动、运行、结束以及上报程序应符合相关规定要求。

7.1.6 应能在交通运行出现异常情况时及时发出预警，为启动应急情况下的交通组织做准备。一旦发生应急事件，改扩建交通组织应能立即转入应急情况下的交通组织状态。

7.1.7 除项目路生产安全事件应急预案的应对策略以外，发生下列情况之一时，应启动应急情况下的交通组织：
1 项目路服务水平降到六级。
2 发生公路交通突发事件，出现恶劣天气、自然灾害或其他紧急情况。

7.1.8 可行性研究阶段，应急情况下的交通组织设计应提交下列成果：
1 编制应对交通运输突发事件、恶劣天气和自然灾害、重大节假日及社会经济活动、保通路段施工阶段应急交通组织方案。
2 编制信息发布的方式以及内容方案。

7.1.9 设计和施工阶段，应急情况下的交通组织设计应提交下列成果：
1 编制应急情况下的交通组织方案。

2 社会公共信息发布的内容、方式和范围等。

7.2 公路交通突发事件时的交通组织

7.2.1 保通路段发生交通突发事件时，区域路网的分流应符合下列规定：
1 应在区域路网范围预先设置应急分流点，并应根据突发事件的等级、危害程度、影响范围，对项目路进行应急分流。
2 突发事件处置过程中应有相应的交通管制预案。
3 应预先设置应急通道，当保通路段发生公路交通突发事件时，应能及时开辟应急通道进行应急通行。

7.2.2 关键工点改扩建施工对交通组织有特殊需求时，应对交通管制做出方案设计，并有突发事件的应对方案。

7.2.3 受流路公路交通突发事件应急交通组织应具有下列功能：
1 与受流路本身的交通管理应急预案相协调。
2 在分流点预先设置调整分流或回流的交通组织配套设施，能及时调整分流或分流方案。

7.3 恶劣天气和自然灾害时的交通组织

7.3.1 应针对不同的恶劣天气和自然灾害，分别制订下列应急交通组织方案：
1 出现暴雨或特大暴雨时，应对驶入项目路的车型、行驶速度等进行限制。
2 出现冰雪天气时，应及时启动路面冰雪清除作业，并采取相应的信息提醒、警告和速度限制等措施，必要时可封闭交通。
3 出现雾天时，应根据能见度对速度限制和行车间距提出要求，并发出安全提醒和警示，必要时可封闭交通。

7.3.2 出现下列情况时，项目路应有封闭交通的设施：
1 出现台风、严重积雪、大雾等天气，继续通行有可能造成严重安全事故时。
2 因抢险救灾需要中断交通或其他事件发生时。

7.4 重大节假日及社会经济活动交通组织

7.4.1 重大节假日及社会经济活动期间，应配备排障巡逻车辆和交通协管员，并配以必要的管理设施和安全设施。

7.4.2 重大节假日及社会经济活动期间,应根据交通流的变化实时调整交通组织配套设施的布设,调整交通指路标志、指示标志、告示标志等的设置,并配备交通协管员疏导交通。

8 交通组织配套设施

8.1 一般规定

8.1.1 应根据区域路网分流、保通路段交通组织以及交通组织应急预案设置管理设施、安全设施、服务设施和其他交通组织配套设施。

8.1.2 交通组织配套设施的设置应坚持安全、绿色、资源节约的设计理念，坚持系统性、容错性、永临结合的原则。

8.1.3 改扩建工程设计时，应对交通组织配套设施的设置、拆除、移位、重复利用进行统筹考虑，并计列相应工程量。

8.1.4 用于交通组织的临时交通工程及沿线设施设计应符合现行《高速公路改扩建交通工程及沿线设施设计细则》（JTG/T L80）、《公路养护安全作业规程》（JTG H30）、《道路交通标志和标线 第4部分：作业区》（GB 5768.4）等的规定。

8.2 安全设施

8.2.1 安全设施应包括区域路网分流、保通路段交通组织以及交通组织应急预案所需的临时安全设施。

8.2.2 服务于区域路网分流的临时安全设施设置应符合下列规定：
1 应在诱导点设置指路标志和告示标志。
2 应在分流点设置禁令标志、指路标志、告示标志等，并提供交通分流路径信息。
3 应在管制点设置禁令标志、隔离设施，并根据需要设置限制高度、限制重量/轴重、限制某类车型等。
4 交通量增加较大的受流路，宜增设必要的临时安全设施，如指路标志、限速标志等。

8.2.3 服务于保通路段交通组织的临时安全设施的设置应符合下列规定：
1 应根据需要设置必要的临时性指路标志、指示标志、禁令标志、警告标志。标志设计宜将临时保通的标志和建成后永久使用的标志综合考虑，充分利用。当同一位置需要设置的标志较多时，宜采用门架形式。

2 宜根据交通组织横断面布置的需要施划临时交通标线。当交通组织横断面变化时，临时交通标线的设置也应做调整。原设置的不符合交通组织方案的标线应及时清除。

3 临时通车时间较短或条件受限时，临时标线可采用预成型标线带、交通锥、交通桶、塑料注水（砂）隔离栏或突起路标等设施。

4 宜在邻近作业区的一侧设置临时护栏，临时护栏的防护性能应与保通路段设计速度相适应，并应根据作业区的条件确定临时护栏的防护等级。

5 当保通设计速度为80km/h时，普通路段邻近作业区的临时护栏防护等级不宜低于三（A）级。

6 当保通设计速度为60km/h时，普通路段邻近作业区的临时护栏防护等级不宜低于二（B）级。

7 限速值小于60km/h的局部路段，临近作业区的一侧可采用混凝土隔离墩、塑料隔离墩（注水或注砂）等临时隔离设施替代临时护栏。

8 当作业区位于特殊路段时，宜在缓冲区前方设置缓冲设施，并设置预警设施，缓冲区与工作区的临时护栏防护等级宜在本条第5款、第6款的基础上提高1个等级。

9 单幅双向通行的保通路段，保通设计速度大于或等于60km/h时，宜设置用以分隔对向交通的临时护栏，且临时护栏的防护等级不宜低于二（B）级。

10 单幅双向通行的保通路段宜设置防眩设施。

条文说明

5、6 《高速公路改扩建交通工程及沿线设施设计细则》（JTG/T L80—2014）第9.2.5条规定："当维持通行路段的车速为60km/h及以上时，临时隔离设施宜采用连续设置的混凝土护栏预制块、注水（或砂）且连续布设并互锁的水马、波形梁护栏等"。该规定是基于当时的技术水平制定的。目前，随着改扩建相关科研新成果的不断出现和经验的不断积累，具有一定防撞性能的临时护栏新产品不断涌现，且不少新型的临时护栏通过了实车碰撞试验，并在改扩建工程中得到了快速推广应用，为施工作业区的安全提供了更加有效的设施保障，同时根据《公路交通安全设施设计规范》（JTG D81—2017）第6.2.2条中对路侧护栏设置原则及防护等级选取条件规定，本规范认为，保通路段路侧计算净区宽度范围内存在作业区的情况，事故严重程度为中，且保通路段的技术条件与设计速度为80km/h和60km/h的二级公路相当，因此，提出大于或等于60km/h时，普通路段临近作业区的临时护栏防护等级不宜低于二（B）级。

8 特殊路段指连续长陡下坡路段、圆曲线半径小于或接近现行《公路工程技术标准》（JTG B01）规定的最小半径一般值、路堤填土（或挡墙）高度超过10m等，一旦发生交通事故其严重程度较高的路段。

9 本款规定参照《公路交通安全设施设计规范》（JTG D81—2017）第6.2.3条中

央分隔带护栏防护等级选取的要求，保通路段的技术条件与设计速度为 80km/h 和 60km/h 的二级公路相当，且属于事故严重程度等级较低的路段，因此，作出本款规定。

8.2.4 服务于应急情况下交通组织的临时安全设施应符合下列规定：
1 应配置活动护栏、交通锥等渠化设施，以及警告、限速和禁令标志等。
2 在恶劣天气和自然灾害需要管制交通时，宜增设必要的警告、禁令和告示标志等方式发布信息。
3 重大节假日及社会活动期间，应根据交通流的变化调整指路、指示等标志的设置。

8.2.5 临时便道应根据通行需要设置相应的安全设施。

8.3 服务设施

8.3.1 交通组织方案造成既有服务设施无法正常使用时，宜设置临时服务设施，提供加油、如厕等基本服务。

8.3.2 服务设施的设置应满足交通组织的分流、保通及应急的需要。

8.4 管理设施

8.4.1 宜充分发挥既有设施的作用，应根据区域路网分流、保通路段交通组织以及交通组织应急预案需要配备临时监控、通信、收费、供配电、照明等设施。

8.4.2 区域路网分流的管理设施设置应符合下列规定：
1 应在诱导点和分流点设置信息发布设施，并与周边高速公路网的可变信息标志系统联网，及时调整信息发布内容。
2 宜在项目路和区域路网相关收费站、治超站、服务区等位置通过可变信息标志、宣传册（卡）等多种方式发布信息。
3 宜在管制点配合车辆禁行、限制速度等禁令标志，并设置临时监控设施。

8.4.3 保通路段交通组织的管理设施设置应符合下列规定：
1 应在关键工点和中央分隔带保通开口处配合交通管制设置临时监控设施。
2 宜设置临时收费设施，并相应配置照明、移动式可变信息标志、临时监控等设施。
3 因施工作业需要短时封闭交通的路段，宜设置信息发布设施，发布交通封闭和分流的信息。

8.4.4 应急情况下的交通组织配套的管理设施设置应符合下列规定：
1 应配置供应急使用的临时信息发布设施。
2 在区域路网分流的管制点和保通路段的关键工点处，宜在附近配备应急施救车辆。
3 易发生积雪或结冰的路段，宜配置路面冰雪清除设施。
4 重大节假日及社会经济活动期间，应配置排障巡逻车辆和交通协管员。

8.4.5 供配电、照明等管理设施的设置应满足区域路网分流、保通路段交通组织及应急预案的需要。

8.5 其他设施

8.5.1 为保障保通路段交通组织方案的正常实施而设置的临时土建工程，应与既有公路设施统筹考虑，充分利用既有公路设施。

8.5.2 临时土建工程的设置应满足交通组织的分流、保通及应急的需要。

附录 A 作业区通行能力计算方法

A.1 概述

A.1.1 作业区通行能力的计算应根据作业区的项目路基本条件，结合交通组成等进行计算。可采用基准通行能力修正法、交通仿真法以及现场实测法等方法。设计阶段不具备现场实测条件且交通仿真法也有困难时，可采用基准通行能力修正法；也可首先用基准通行能力修正法进行计算，然后利用交通仿真法和现场实测法进行修正。

A.2 基准通行能力修正法

A.2.1 基准通行能力修正法以作业区实际的道路和交通状况确定基准通行能力修正系数，再以此修正系数乘以前述的基准通行能力，进而得到作业区一定环境条件下的实际通行能力。

A.2.2 主要考虑作业区设计车速、保通车道数、车道宽度及侧向余宽、大型车比例、驾驶员对环境的熟悉程度、作业区施工强度等几个因素。

$$C = C_B \times f_W \times f_{HV} \times f_P \times f_i \times n \quad (A.2.2\text{-}1)$$

式中：C——作业区实际通行能力（pcu/h）；
C_B——限制速度下高速公路基本路段每车道的通行能力（pcu/h）；
f_W——车道宽度及侧向余宽修正系数；
f_{HV}——大型车修正系数；
f_P——驾驶员对环境熟悉程度修正系数；
f_i——作业区施工强度修正系数；
n——保通车道数，取自然数 1，2，3…。

A.2.3 作业区设计车速下高速公路基本路段每车道的通行能力 C_B 在理想条件下按表 A.2.3 取值。高速公路基本路段的理想条件包括：
1 车道宽度≥3.75m。
2 侧向余宽≥1.75m。
3 车流中全部为小客车。
4 驾驶员均为经常行驶高速公路且技术熟练遵守交通法规者。

表 A.2.3　理想条件下高速公路每车道的基准通行能力值

限制车速（km/h）	120	100	80	60	40
通行能力 [pcu/（h·ln）]	2 200	2 100	2 000	1 800	1 600

A.2.4 其他修正系数分别按下列规定取值：

1 车道宽度及侧向余宽修正系数见表 A.2.4-1。

表 A.2.4-1　车道宽度及侧向余宽修正系数

侧向余宽（m）	车道宽度（m）			
	3.75	3.5	3.75	3.5
	行车道一边无障碍物		行车道一边有障碍物	
>1.75	1.00	0.97	1.00	0.97
1.60	0.99	0.96	0.99	0.96
1.20	0.99	0.96	0.98	0.95
0.90	0.98	0.95	0.96	0.93
0.60	0.97	0.94	0.94	0.94
0.30	0.93	0.90	0.87	0.85
0	0.90	0.87	0.81	0.79
侧向余宽（m）	有中央分隔带的双向六或八车道公路（每个方向有三或四车道）			
>1.75	1.00	0.96	1.00	0.96
1.60	0.99	0.95	0.99	0.95
1.20	0.99	0.95	0.98	0.94
0.90	0.98	0.94	0.97	0.93
0.60	0.97	0.93	0.96	0.92
0.30	0.95	0.92	0.93	0.89
0	0.94	0.91	0.91	0.77

2 大型车修正系数可按式 A.2.4-1 取值。

$$f_{HV} = \frac{1}{1 + P_{HV}(E_{HV} - 1)} \quad (A.2.4\text{-}1)$$

式中：P_{HV}——大型车交通量占总交通量的百分比；

E_{HV}——大型车换算成小客车的车辆换算系数，一般路段取值见表 A.2.4-2，特定上坡路段换算系数可按表 A.2.4-3 和表 A.2.4-4 取值。

表 A.2.4-2　大型车换算成小客车的车辆换算系数 E_{HV}

车型	平原微丘	重丘	山岭
大型车	1.7	2.5	3.0
小型车	1.0	1.0	1.0

表 A.2.4-3 特定上坡路段（122kg/kW）大型车的车辆换算系数 E_{HV}

坡度（%）	坡长（m）	双向四车道高速公路	双向六或八车道高速公路
2	≥1 000	3	3
3	400~1 000	3	3
3	≥1 000	4	4
4	<400	3	3
4	400~800	4	4
4	≥800	5	4
5	<300	4	4
5	300~500	5	4
5	500~1 000	6	5
5	≥1 000	7	6
6	<300	5	4
6	300~500	6	5
6	500~1 000	7	6
6	≥1 000	8	7

表 A.2.4-4 特定上坡路段（177kg/kW）大型车的车辆换算系数 E_{HV}

坡度（%）	坡长（m）	双向四车道高速公路	双向六或八车道高速公路
2	400~1 200	3	3
2	≥1 200	4	4
3	400~800	4	4
3	800~1 200	5	4
3	≥1 200	6	5
4	<400	3	3
4	400~800	5	4
4	800~1 200	6	5
4	1 200~1 600	7	6
4	≥1 600	8	7
5	<300	4	4
5	300~700	6	6
5	700~1 200	10	8
5	≥1 200	12	10
6	<300	5	4
6	300~600	8	7
6	≥600	16	12

3 根据驾驶员对道路的熟悉程度，尤其是在作业区或其相似的路段上的行驶经验

以及驾驶员的健康状况来决定。驾驶员熟悉程度修正系数 f_p 在工作日或通勤日一般取 1.00，而在其他情况下要结合公路和环境状况，系数可在 0.90~1.00 之间。

4 作业区的通行能力随着施工强度的增加而降低，施工强度修正系数 f_i 一般保持在 0.88~0.98 之间。

A.3 交通仿真法

A.3.1 可运用交通仿真方法对交通组织各阶段运行状况进行模拟，采集交通量、车速及密度数据，并依据三者之间的关系综合确定通行能力。用交通仿真法求解道路通行能力的基本步骤可包括：明确问题、建立数学模型、编制程序、模型标定和验证、参数输入、试验求解等。其中，建立的数学模型主要包括车辆跟驰模型和变换车道模型；模型标定和验证通过相似道路现场观测数据进行；输入的参数包括道路条件和交通条件。

A.4 实测统计法

A.4.1 运用实测统计法测算施工作业区通行能力时，可通过下列两种方式进行：
1 观测作业区的交通量、车速及密度数据，并通过三者之间的关系确定通行能力，其中观测数据中需包含饱和流的交通流参数。
2 观测作业区饱和流下的车头时距，并根据平均车头时距对通行能力进行计算，其中平均车头时距的观测需考虑前后车型组合序列以及车型构成比例。

附录 B 交通组织方案专题研究报告编制要求

B.0.1 交通组织方案专题研究报告正文应包含下列内容：
1 第一章 概述。
2 第二章 调查与分析。
3 第三章 交通量预测。
4 第四章 交通组织总体设计。
5 第五章 区域路网分流。
6 第六章 保通路段交通组织。
7 第七章 应急情况下的交通组织。
8 第八章 交通组织配套设施。
9 第九章 交通组织费用估算以及相关社会影响分析。

B.0.2 第一章 概述应阐述改扩建工程项目路的现状及改扩建设计方案概况，交通组织方案编制的依据、指导思想、原则、目的、内容、方法及主要推荐方案。

B.0.3 第二章 调查与分析应阐述改扩建工程项目路及项目影响区内主要道路的技术状况、交通量状况，以及改扩建施工工艺、工序、社会、经济、资源再利用等对路网分流、路段保通有影响的因素的调查分析成果。

B.0.4 第三章 交通量预测应包含下列内容：
1 项目路及影响区内路段平均日和高峰小时交通量、流向及交通组成。
2 项目路交叉口平均日和高峰小时转交通流量及交通组成。
3 项目路过境、区间与区内平均日和高峰小时交通量、流向及交通组成。
4 项目影响区内主要交叉口平均日和高峰小时转向交通量及交通组成项目路交叉口平均日和高峰小时转向交通量及交通组成。

B.0.5 第三章 交通量预测成果应满足交通组织总体设计、区域路网分流方案编制、保通路段交通组织方案编制、交通组织应急预案编制、配套设施设置的要求。

B.0.6 第四章 交通组织总体设计应对下列内容进行比选分析论证，其成果应满足项目路交通组织总体方案制订及路网分流方案制订的需要：

1 改扩建交通组织模式。
2 保通路段交通组织方案。
3 区域路网分流方案。
4 作业区划分。
5 路网分流及保通路段的设计速度。

B.0.7 第五章 区域路网分流方案应包含下列内容：
1 项目路整体分流方案比选（分流节点、分流路径、分流车型）。
2 项目路整体分流推荐方案（分流节点、分流路径、分流车型、分流时机等）。
3 整体分流方案（社会评价、技术评价、经济评价）。
4 局部路段短时分流方案推荐方案（分流节点、分流路径、分流车型等）。
5 回流方案。

B.0.8 第六章 保通路段交通组织应根据交通组织总体设计对保通路段的一般路段及关键工点的交通组织方案提出推荐方案，应包含但不局限于下列内容：
1 路基路面交通组织。
2 通道涵洞交通组织。
3 跨线桥和主线桥梁交通组织。
4 隧道改扩建交通组织。
5 互通式立体交叉交通组织。
6 服务区、停车区交通组织。
7 收费站交通组织。

B.0.9 第七章 应急情况下的交通组织应根据高速公路改扩建推荐方案的区域路网分流、保通路段交通组织设计编制，其成果应包含下列内容：
1 公路交通突发事件时的交通组织。
2 恶劣天气和自然灾害时的交通组织。
3 重大节假日及社会经济活动交通组织。

B.0.10 第八章 交通组织配套设施应根据推荐的区域路网分流方案、保通路段交通组织方案、应急预案等制订交通组织配套设施方案，主要内容应包括：
1 安全设施。
2 服务设施。
3 管理设施。
4 其他设施。

B.0.11 第九章　交通组织费用估算以及相关社会影响分析应根据前面各章内容的方案研究成果进行交通组织费用估算，并进行相关社会影响分析。

附录 C 交通容差、绕行度及节点重要度的计算方法

C.1 交通容差

C.1.1 交通容差可分为路段和分流路径容差，路段容差为路段服务通行能力与高峰小时交通量之间差值；分流路径由 1 个或多个路段组成，取各路段容差的最小值。路段和分流路径容差计算模型见式（C.1.1-1）和式（C.1.1-2）：

$$T_i = C_i - Q_i \tag{C.1.1-1}$$

式中：T_i——路段 i 的容差（pcu/h）；
i——路段的编号；
C_i——路段或节点 i 的服务通行能力（pcu/h）；
Q_i——路段或节点 i 的高峰小时交通量（pcu/h）。

$$T_p = \min\{C_{pi} - Q_{pi}\} \tag{C.1.1-2}$$

式中：T_p——分流路径 p 的容差（pcu/h），$p \in \{1, n\}$，n 为分流路径数量；
i——第 p 条分流路径上路段的编号；
C_{pi}——第 p 条分流路径上第 i 路段或节点处的服务通行能力（pcu/h）；
Q_{pi}——第 p 条分流路径上第 i 路段或节点处的高峰小时交通量（pcu/h）。

C.2 绕行度

C.2.1 绕行度 R_i 是起讫点间有效最短路的广义行程时间与实际最短路的广义行程时间的比值。广义行程时间是指完成一次出行所花费的时间总和，其为直接时间、费用，安全性和舒适性等变量的函数。各变量对函数的影响程度与项目影响区的社会经济发展程度及车型相关：经济越发达，直接时间、安全性和舒适性的影响程度越高，费用的影响程度越低，反之亦然；货车对费用的要求较高。可通过调查问卷、专家打分等方式确定各变量的参数。在区域路网分流研究中，绕行度宜分客、货车分别计算。

C.2.2 交通小区 i 的公路用户平均绕行度计算模型见式（C.2.2-1）。

$$R_i = \frac{\dfrac{\sum_{j=1}^{m}\sum_{k=1}^{n}(Q_{jk} \times t_{jk})}{\sum_{j=1}^{m}\sum_{k=1}^{n}Q_{jk}}}{\dfrac{\sum_{j=1}^{m}\sum_{k=1}^{n}(Q_{jk}^0 \times t_{jk}^0)}{\sum_{j=1}^{m}\sum_{k=1}^{n}Q_{jk}^0}} \tag{C.2.2-1}$$

式中：R_i——交通小区 i 的公路用户平均绕行度；

i——交通小区编号；

Q_{jk}——分流时交通小区 i 与 j 之间第 k 条车流路径上的流量（pcu/h）；

Q_{jk}^0——分流前交通小区 i 与 j 之间第 k 条车流路径上的流量（pcu/h）；

t_{jk}——分流时交通小区 i 与 j 之间第 k 条路径的广义行程时间（费用）[h（元）]；

t_{jk}^0——分流前交通小区 i 与 j 之间第 k 条路径的广义行程时间（费用）[h（元）]；

m——交通小区 i 的公路用户目的地交通小区数量；

n——分流前交通小区 i 与 j 之间车流路径的数量或分流路径数量；

j——交通小区 i 的公路用户目的地交通小区编号；

k——交通小区 i 与 j 之间的车流路径编号。

C.3 节点重要度

C.3.1 节点重要度可选取人口、工业总产值、商品零售总额、旅游收入总额、交通运输增加值等指标。各指标的权重一般可采取主观或客观权重赋值方法。主观权重赋值方法采取定性的方法，由专家根据经验进行主观判断而得到权重。客观权重赋值方法则可根据历史数据研究指标之间的相关关系或指标与评估结果的关系来进行综合评估。节点重要度计算模型见式（C.3.1-1）。

$$I_i = \sum_{k=1}^{n} \alpha_{ik} \frac{z_{ik}}{z_{ia}} \tag{C.3.1-1}$$

式中：I_i——第 i 节点重要度；

α_{ik}——第 i 节点第 k 项指标的权重；

z_{ik}——第 i 节点的第 k 项指标值；

z_{ia}——第 i 节点第 k 项指标的平均值；

k——指标的编号；

n——指标的数量。

本规范用词用语说明

1 本规范执行严格程度的用词，采用下列写法：

1）表示很严格，非这样做不可的用词，正面词采用"必须"，反面词采用"严禁"；

2）表示严格，在正常情况下均应这样做的用词，正面词采用"应"，反面词采用"不应"或"不得"；

3）表示允许稍有选择，在条件许可时首先应这样做的用词，正面词采用"宜"，反面词采用"不宜"；

4）表示有选择，在一定条件下可以这样做的用词，采用"可"。

2 引用标准的用语采用下列写法：

1）在标准总则中表述与相关标准的关系时，采用"除应符合本规范的规定外，尚应符合国家和行业现行有关标准的规定"。

2）在标准条文及其他规定中，当引用的标准为国家标准和行业标准时，表述为"应符合《××××××》（×××）的有关规定"。

3）当引用本标准中的其他规定时，表述为"应符合本规范第×章的有关规定"、"应符合本规范第×.×节的有关规定"、"应符合本规范第×.×.×条的有关规定"或"应按本规范第×.×.×条的有关规定执行"。